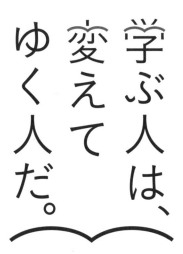

学ぶ人は、
変えて
ゆく人だ。

目の前にある問題はもちろん、

人生の問いや、社会の課題を自ら見つけ、

挑み続けるために、人は学ぶ。

「学び」で、少しずつ世界は変えてゆける。

いつでも、どこでも、誰でも、

学ぶことができる世の中へ。

旺文社

JN046666

学校では
教えてくれない
大切なこと 29

AIって何だろう?

人工知能が拓く世界

マンガ・イラスト 関 和之 (WADE)

旺文社

はじめに

テストで100点を取ったらうれしいですね。先生も家族もほめてくれます。

でも、世の中のできごとは学校でのテストとは違って、正解が1つではなかったり、何が正解なのかが決められないことが多いのです。

「私はプレゼントには花が良いと思う」「ぼくは本が良いと思う」。どちらが正解ですか。どちらも正解。そして、どちらも不正解という場合もありますね。

山登りで仲間がケガをして動けない。こんなときは「動ける自分が方位磁石にしたがって下りてみる」「自分もこのまま動かずに救助を待つ」。どちらが正解でしょう。状況によって正解は変わります。命に関わることですから慎重に判断しなくてはなりません。

このように、100点にもなり0点にもなりえる問題が日々あふれているの

2

が世の中です。そこで自信をもって生きていくには、自分でとことん考え、そのときの自分にとっての正解が何かを判断していく力が必要になります。

本シリーズでは、自分のことや相手のことを知る大切さと、世の中のさまざまな仕組みがマンガで楽しく描かれています。読み終わったときには「考えるって楽しい！」「わかるってうれしい！」と思えるようになっているでしょう。

本書のテーマは「AIって何だろう？」です。みなさんの中には、「AI」や「人工知能」という言葉をニュースや新聞で見かけたことのある人もいるかもしれません。「AI（人工知能）」は、すでに身の回りに存在しているものもあり、私たちの生活をより便利にしてくれることが期待されています。AIがさらに発達、普及した未来を想像しながら、みなさんも、本書でAIの基本について学んでみましょう！

旺文社

もくじ

4

スタッフ

●編集
廣瀬由衣

●編集協力
有限会社マイプラン

●装丁・本文デザイン
木下春圭　菅野祥恵（株式会社ウエイド）

●装丁・本文イラスト
関 和之（株式会社ウエイド）

●校閲
石澤清華

●校正
株式会社ぷれす

●写真協力
アフロ
時事通信フォト

本書に記載されている内容は，本書刊行時点の情報に基づくものであり，その後変更されている場合があります。

する仲間たち

内野じん子

- 活発で好奇心おう盛な小学3年生。
- 家はミラクル波動の教室。
- 意外とあがり症。

ＡＬＤ7号

- 愛称はなっちゃん。
- テレビ番組「恋してＡＩランド！」の出演者。
- 料理や裁ほうが得意。

ファジ井先輩

- テレビ番組「恋してＡＩランド！」の3代目司会者。
- さわやかなルックスだが、泣き虫で優柔不断。

イーアル・ゴリズム

● 愛称はゴリさん。
● テレビ番組「恋してＡＩランド！」の番組マスコット。
● ファジ井先輩のことが大好きで, すぐにやきもちを焼く。

足須端人

● テレビ番組「恋してＡＩランド！」のアシスタント・ディレクター。
● いつか自分の番組を持つことを夢見ている。

出井レク太

● テレビ番組「恋してＡＩランド！」のディレクター。
● 番組制作に関しては厳しいが, なみだもろい一面がある。

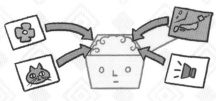

10

1章

AIって
こんなもの！

AIってよく聞くけど何？

おかしいなぁ…。行き先の設定をまちがえたかなぁ。

そろそろ収録始まっちゃうわね…。

さっきから番組とか収録とかなんなの!?

どういうこと!?

何よ!? さっき説明したじゃない!

番組の出番前に、急にここに飛ばされちゃったみたいなんだ…。

ウッソ！タレントさん!?

そのわりには見たことないけど…。

はあ!? アンタ「恋してAIランド！」見たことないの!?

知らないよ！そんな番組！

そんなはずないわ！常に視ちょう率ランキング1位のモンスター番組よ!?

20年間ずっと1位をキープしてるんだから！

AICX-TV 恋して

放送されてないよ！

14

16

AIってどんなもの？

AI〔人工知能〕は，Artificial Intelligence の略。人間が考えて決めることを，機械にもやってもらおう！ という技術。

例えば，エアコンの温度を人間が考えて設定すると……。

温度設定をAIに任せると……。

外の気温を
分せきして…

現在の室温を
分せきして…

室内のどこに何人
いるかを分せきして…

人間が過ごしやすい温度をAIが判断して，
適切な温度を決めてくれる！

AIが分せきする
しくみは，
2章で説明するわ！

AIが決めて
くれるんだ!?

快適～♪

実はこんなところにも！身の回りのＡＩ

ＡＩ搭載の冷蔵庫や電子レンジ

中にある食材から冷蔵庫がメニューを提案したり，電子レンジがレシピを提案して調理の一部を代わりにやってくれたりする！

スマートフォンの音声アシスタント

は晴れです。
ポーン♪

「今日の天気は？」とたずねると，「晴れです」とか「かさが必要です」と答えてくれる。ＡＩと会話もできる！

これまで人間が調べたり判断したりしていたことを，ＡＩが手伝ってくれるんだね。

ニュースではこんなＡＩも話題に！

ＡＩはゲームもできる！
囲碁をするＡＩ
人間対ＡＩの囲碁の対決が話題に。

動物の形をしたＡＩ搭載ロボットも登場！
ＡＩ搭載の犬型ロボット
なでてあげると喜んだり，ときどき飼い主の言うことを聞かなかったりすることも!?

ＡＩはロボットではない？

ＡＩは人間の「脳」にあたる部分。つまり，ＡＩは指示を出したり，判断したりする部分なんだ。

ＡＩを搭載したロボットは，ＡＩとつながったセンサーや機械が，人間の手足，目や耳などにあたる役割をすることで，１つのロボットとして動くんだ。

※アフロボくんＺの場合

ＡＩ（脳の部分）

カメラ（目の部分）

バッテリー（心臓の部分）

ロボットアーム（手の部分）

移動用のタイヤ（足の部分）

つまりＡＩは、機械やロボットの頭脳ってことか〜。

まあ、そういうことね。

ともかくＡＩランド島へ帰らないと！

あ…泣きやんだ…

でも、せっかく来たことだし…。

ここでちょっと一休みしてからもどりましょ☆

そうだね〜☆

え！？

AIって なんの ために あるの?

内野ミラクル
波動教室…。

って看板に
書いてあるけど、
どういうこと?

ああ…、
うちは
ミラクル波動を
教えてるんだよ。

ミラクル波動??

うさんくさ!

そんなもの
あるわけない
じゃない!

ピク…

ミラクル波動の力を
ナメないほうが
いいよ…。

なーに
言ってんの!
時代はAIよ!

ねごとは
ねてから言って
ちょーだい!

はー、
やれやれ…

コオオオオ…

ギギギ

1章 AIってこんなもの!

ＡＩってなんのためにあるの？

ＡＩはどうして必要なのだろう？　人間にできることを，わざわざＡＩにやってもらうのはどうしてだろう？

●効率よく仕事をするため
ＡＩは，速く正確に仕事をすることができる！

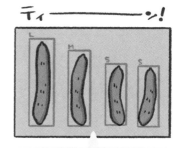

ＡＩがすばやく選別する。

●人間にはできないことをするため
ＡＩは，複雑な計算や予測をすることができる！

ＡＩが天気を予測する。

ＡＩの力を借りて，人間がこれまで行ってきた仕事をより正確に，より速くできるようにしようとしているのよ。

●人間と協力するため

ＡＩは，人間への提案や，人間の仕事のサポートをしてくれる！

ＡＩが料理を仕上げる。

絵の下がきに，ＡＩが色をつけて完成させる。

●人間の生活を豊かにするため

ＡＩ搭載の機械が，人間の日常の中で活やくしたり，ゲームの対戦相手になってくれたりする！

ＡＩ搭載のペットといっしょに暮らせる。

ＡＩがゲームの対戦相手に！

人間の暮らしの中にＡＩを取り入れて，人間の生活をより豊かにしようとしているんだね。

24

インターネットにつながるＡＩ

ＡＩの中には，インターネットにつながることで，さらに能力を発揮するものもある。

インターネットにつながると何ができる？

●情報を検索できる

晩ご飯は何がいいかな？

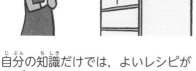

庫内にある食材から，レシピを検索します。

自分の知識だけでは，よいレシピが見つからなかった。そこで…

有名シェフが考えたレシピをダウンロードしてきた！

●情報を集めることができる

景気がよくなるかな？悪くなるかな？

インターネットを通じて集めた情報をもとに，経済を予測する！

こんなふうに使われている！

●スマートスピーカー

話しかけられた音声を分せきして，インターネットで情報を検索する。

明日の天気は？

明日は晴れです。

ウェブde天気

明日の天気
晴れ
最高気温 26度
最低気温 18度

天気の情報をインターネットで検索して知らせる！

こんな使い方も…

●高れい者の見守り

話しかけられた情報を分せきして健康状態を推測し，遠くはなれた家族へ連らくする。

おはよう。

おばあちゃん，今日も元気そうね。

インターネットを通じて連らく！

●機械の故障予測

機械が動いている状きょうを，インターネットで連らくする。

部品がいたんできたぞ。

そろそろ部品を交かんしないと，故障するかも。

集めた情報を使って，機械の故障を予測することも!?

AIにもいろいろな種類がある

ん〜……。

おかしいなぁ。どこか故障してるのかなぁ？

そもそも、そのスワンボートは何!?

ジャマなんスけど…。

Aーランド島の中であれば、そのボートで行きたいところにしゅん間移動できるのよ、ふつうはね！

それがこんなところに飛ばされちゃうなんて…。

とにかく！一刻も早く帰れるようにして！

ぷすっ

泣いてねーぞ！

ところでその白いのは、今後もそれでいくのね？

え〜？なんの話い？

そういう設定なのね。

なぜぼくがおこられるのか…！

ぐすん…。

ここに来てしまった原因を分せきするAーがあればなぁ…。

Aーランド島には、そんなAーもあるの？

Aーにもいろいろあるからね。

28

ＡＩを，できることの種類によって４つのレベルに分類する考え方がある。それぞれ，どんなことができるのか見てみよう。

レベル１　簡単な動作を行うＡＩ

１つのことだけを行う家電や機械など。

例 温度を感知して中身を冷やす冷蔵庫。

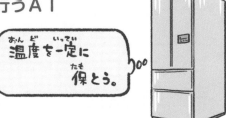

> 温度を一定に保とう。

レベル２　いろいろな動作ができるＡＩ

状きょうに応じ，いくつかの動作を組み合わせて動く。

例 ・部屋の形に沿って動きながら，よごれを感知してきれいにするおそうじロボット。
・スマートフォンなどの，人間の言葉に返事をする機能。

> かべがあるからま曲がろう。

> こんにちは。
> こんにちは。今日はいい天気ですね。

> あっ暑くなりそうですか？
> 最高気温は32度です。

> これもＡＩなの!?

> 囲碁や将棋，車の自動運転など，ニュースで話題のＡＩは，次のレベル３や４のものだよ！

ＡＩの４つの分類 ❷

レベル３ 学習するＡＩ

ＡＩが自分で学習して，よりよい「やり方」を見つけることができる。

例 負けたとき，勝ったときの分せきをして，ＡＩ自身を強く進化させることができる将棋ソフト。

レベル４ 人間のように判断するＡＩ

さまざまな情報をＡＩが分せきして，いちばんよい答えを出すことができる。

例 車の周囲の状きょうをＡＩが分せきして，安全に車を動かす自動運転機能。

レベル４になると，人間が考えるのと変わらなくなってるわね。

AIってどういうしくみ？

ハーイ！AＩ（アイ）ランド島に連れていってほしいんだけど…。

ルートが見つかりません。

ポン♪

ダメか……。

やっぱりAＩ（アイ）ランド島の中じゃないと無理か。

ここはアタシに任せなさい。

ハ〜イ♥ AＩ（アイ）ランド島に連れてって〜ん♥

チュCHU♥

アタシの魅力（みりょく）をもってすれば、イ・チ・コ・ロよ！

ポン♪ ゴリラの姿（すがた）を確認（かくにん）！

通報（つうほう）します。

なっ！！

ギューン

32

ＡＩが "認識する" しくみ

実は，ＡＩのしくみは，人間が考えるしくみをまねしているんだ。

> ＡＩに学習するように
> 指示を出しているのは，人間なんだ。

事前にこの準備が必要！

認識したいものの特ちょうを学習させる
それぞれの特ちょうを分せきして，データとして学習させておく。

ハイ！
おぼ
覚えてねーっ！

これでＡＩが
認識できるようになった！
準備完了!!

❶写真や映像を読み取る

カメラなどでとった写真や，人間がかいた絵などをＡＩが読み取る。

❷ＡＩが特ちょうを分せきする

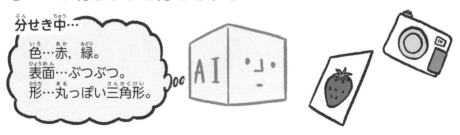

分せき中…

色…赤，緑。
表面…ぶつぶつ。
形…丸っぽい三角形。

❸これまでの学習結果から同じようなものを探す

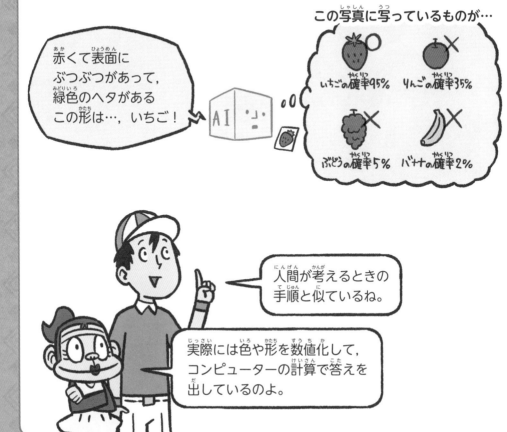

この写真に写っているものが…

赤くて表面に
ぶつぶつがあって，
緑色のヘタがある
この形は…，いちご！

いちごの確率95%　りんごの確率35%

ぶどうの確率5%　バナナの確率2%

人間が考えるときの
手順と似ているね。

実際には色や形を数値化して，
コンピューターの計算で答えを
出しているのよ。

36

ＡＩとプログラミング

ＡＩは便利だけれど，一体どうやって作るのだろう。実は，ＡＩはプログラミングで作られている。

プログラミングとは？

コンピューターへの指示であるプログラムを組み立てること。ＡＩは人間が作ったプログラムによって動いている。

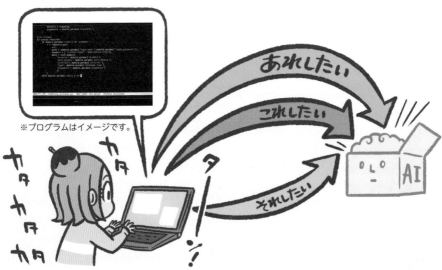

※プログラムはイメージです。

プログラムは，指示書のようなもの。
ＡＩが自動的に分せきしたり判断したりしているように見えるけど，実は最初は人間が指示を出しているんだよ。

プログラミングに興味のある人は，
25巻『プログラミングって何？』も読んでみてちょうだいね！

2章

AIが できること

AIは目を持っている？

画像認識のしくみ

ＡＩが，1枚の写真から「もの」を見つけるしくみを考えてみよう。

ＡＩは，1つの特ちょうを分せきするために，何百万，何千万もの画像を学習していることもあるのよ。

ＡＩが「人間の顔」を認識するまで

❶画像を読み取る

この時点では，主に色の情報を見ている。

この写真には，どんな色が使われているかというと，白色，黒色，だいだい色…。

❷色のちがいから，形を読み取る

人間のはだの色と，背景やかみの毛などの色とのちがいから，画像の中の形を読み取る。

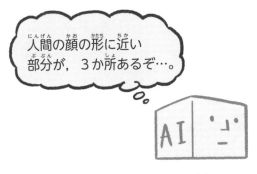

人間の顔の形に近い部分が，3か所あるぞ…。

❸人間の顔の特ちょうを分せきする

過去に学習したデータをもとに，人間の顔の特ちょうと合う部分を探す。

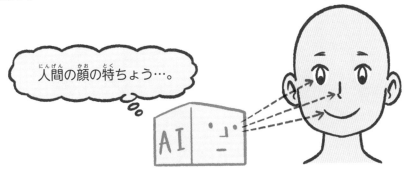

人間の顔の特ちょう…。

❹画像の中のどこにいくつ特ちょうと合う部分があるかを見つけ出す

この画像の中には，3人の顔があります！

2章 AIができること

ＡＩの歴史

1950 年代

「チューリング・テスト」（➡ p.128）の提唱（1950 年）

第１次ＡＩブーム（1950 年代後半〜 1960 年代）

ＡＩについての研究を発表するダートマス会議にて「ＡＩ〔人工知能〕」という言葉が登場する（1956 年）

1960 年代

「人間のような知的活動を行う機械」に関する研究を「Artificial Intelligence（人工知能）」と呼ぶようになる。

1970 年代

しかし，単純な計算や予測はできても，現実の問題はとても複雑で，当時のコンピューターでは解決できないことがわかり，研究が行きづまる。

迷路の道は直線だけど…。　スタート！　ゴール！

実際の道路は複雑だ。

ＡＩ　よし！　無理か…。

1980 年代

第２次ＡＩブーム（1980 年代）

「第五世代コンピュータプロジェクト」（1982 〜 1992 年）

日本で，「新しいコンピューター技術の研究開発」を目標とした，病気の診断やほん訳などのしくみの開発が行われる。

46

1990年代

しかし，当時のコンピューターは情報を自分で集めて学習することができず，人間が大量の情報を集めて学習させるのにも限界があることから，研究が行きづまる。

2000年代

第3次AIブーム（2000年代～）

「ディープラーニング」（➡ p.70）の提唱（2006年）

2010年代

ディープラーニングが画像認識コンテストに使われる（2012年）

コンピューターやインターネットの発達により，大量のデータが手に入るようになったため，AIが「機械学習」（➡ p.62）を使って，大量のデータを自分で学習することができるようになった。

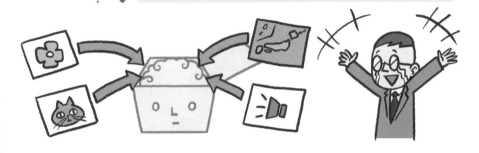

オレをふんづけてくれるたぁ…、

えらくなったもんじゃねぇか。

なぁ、ファジ井よ…。

ち…、ちがうんですぅ！決して（けっ）そんなことは…！！

まぁいい…。

オレぁ、ちゃんと収録（しゅうろく）ができれば問題（もんだい）ねぇよ。

ホッ

ぼくは収録（しゅうろく）に入っちゃうから、近く（ちか）で見学（けんがく）でもしといて！

帰り（かえ）方（かた）については、またあとで…。

え…!?

ちょっと！

なっちゃん！出番（でばん）までじん子ちゃんといっしょにいて！

ファジ井（い）ーっ！！なに（なに）何やってんだーっ！！

はーいただいまーっ！

も〜っ…。

テキトーなオトコ…

スタコラ

ウッソォ〜！？

ＡＩが言葉を認識するしくみ

ＡＩは，聞き取った音声を言葉に変かんし，その言葉の意味を調べて，どんな反応をすればよいかを判断している！

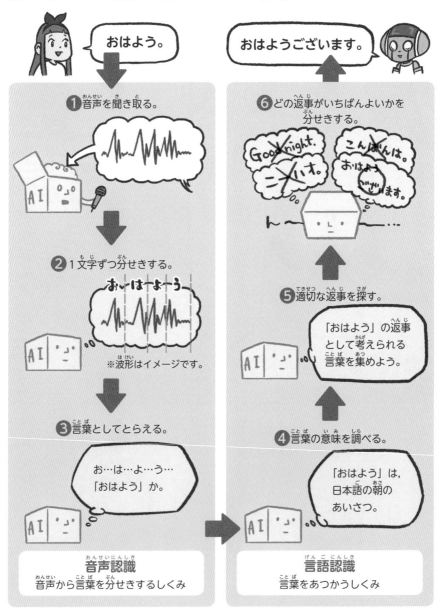

おはよう。

おはようございます。

❶ 音声を聞き取る。

❻ どの返事がいちばんよいかを分せきする。

Good night. こんばんは。

❷ 1文字ずつ分せきする。

お〜は〜よ〜う

※波形はイメージです。

❺ 適切な返事を探す。

「おはよう」の返事として考えられる言葉を集めよう。

❸ 言葉としてとらえる。

お…は…よ…う…「おはよう」か。

❹ 言葉の意味を調べる。

「おはよう」は，日本語の朝のあいさつ。

音声認識
音声から言葉を分せきするしくみ

言語認識
言葉をあつかうしくみ

2章 AIができること

ＡＩは言葉を選び出す！

ＡＩが人間の言葉に返事をするためには，まずＡＩが人間のしゃべったことを正しく聞き取る必要がある。

人間がしゃべっている音に雑音が重なってしまって，うまく聞き取れなかったとき，ＡＩはどのように言葉を認識するのだろう？

明日の天気は？

❶音声を聞き取る

あし／のてん／は

※波形はイメージです。

聞き取れなかった部分があるな。

❷どのような言葉の可能性があるか，候補を出す

あしかのてんしは
あしたのてんしは
あしかのてんきは
あしたのてんきは
……

「あし」「あしか」
「あした」「あし・かの」
「あし・たの」
「あしか・の」
「あした・の」……。

言葉の区切りの位置も考えれば，たくさんの候補が出てくるな。

❸学習した辞書を使い，正しそうな言葉の組み合わせを探す

あしか　の　てんし　は

あした　の　てんし　は

あしか　の　てんき　は

あした　の　てんき　は

「アシカ」と「天気」は，組み合わせが変だな。

「明日」と「天気」の組み合わせが正しそうだな。

❹分せきした結果に対して，適切に答える

明日の天気を調べるんだな。

ポン

明日の天気は「晴れ」です。

音声を聞き取って，その音声を分せきして，候補を出して，言葉を選んで…。ＡＩの能力をフル活用しているね。

一瞬で答えているように感じるけど，実はたくさんのことを分せきして，答えを出しているんだね。

ＡＩの「得意」なこと

●共通点を見つけること

あたえられた複数のデータに対して，ＡＩが自分で特ちょうを見つけることができる！

●単純な作業をすること

学習した内容をもとに分類！

●データの分せきをすること

 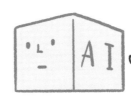

ＡＩは，あたえられたデータをもとに計算することが得意！

ＡＩの「苦手」なこと

●文脈（話の流れ）を理解すること

吾輩は猫である。
名前はまだない。

ねこは言葉を
理解しません。

●「なんとなく」答えを出すこと

犬とねこ，どっちが好きッスか？

うーん…，
なんとなく犬かなぁ？

動物の好ききらいに関する
データがありません。

●新しいものを創造すること

新しいキャラを作ってよ！
おもしろいやつ！

細かく指示を出して
ください。

おもしろいとは，
どういうものですか？

ＡＩの得意なことの中には，すでにいろいろなところで
利用されているものもあるッス。苦手なことでも，
知識を増やしたり，細かく設定したりすれば，
これからできるようになるかもしれないッスね！

弱いＡＩ，強いＡＩ

これまでしょうかいしてきたＡＩ（p.29〜30のレベル1〜4）は，1つの特定の分野で能力を発揮するＡＩ。つまり，なんでもできるわけではなく，得意なことだけに特化したＡＩなんだ。このようなＡＩを「弱いＡＩ（特化型ＡＩ）」という。一方，なんでもできるＡＩを「強いＡＩ（汎用ＡＩ）」というよ。まだ存在しない「強いＡＩ」の実現を目指して，日々研究が進められている！

58

3章

ＡＩは
どのようにして
学ぶのか

3章 AIはどのようにして学ぶのか

ＡＩが学ぶしくみ，機械学習とは

ＡＩが自分で学習するしくみを機械学習という。人間が学習して知識を増やすように，ＡＩも学習して少しずつ知識を増やしていく。

教師あり学習

まず人間が教師（先生）の立場になって，ＡＩに分類した結果を教える。ＡＩはその結果から共通の特ちょうを分せきして，自分で分類できるようになる。

りんごの種類を色と大きさで分類したから，学習して！

それぞれのグループの共通点は…色，大きさ。

大きな
りんご

色がうすい
りんご

小さな
りんご

一度学習すれば，次に分類するときも…

じゃあ，これ分類できる？

右は大きなりんごですが，左は何かわかりません。りんごとは特ちょうがちがいます。

先生が新しいことを教えてあげるなんて，人間の学習と同じだね！

でも，全てをＡＩに教えてあげないといけないのは大変だよ…。

そこで，ＡＩが自動的に特ちょうを分せきして，学習する方法もあるのよ！

教師なし学習

あたえられたものの特ちょうを，ＡＩが自分で分せきして学習する。
例えば，りんごの種類を分類するＡＩの場合…

色と形で分けて！

 グループＡ
 グループＢ
 グループＣ
どれでもない

真っ赤…
黄色っぽい…
水さい…

色と形で分類しました。

一度学習しておけば，
次にりんごを分類するときも…

これはグループＢのりんごだと思われます。
前に学習したものと似ています。

機械学習を使ったＡＩは，こんなふうに活用されている！

例えば，農家がきゅうりの出荷をするとき…

きゅうりを大きさで分ける

きゅうりの中から異物を見つける

教師あり学習

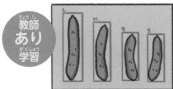

教師なし学習

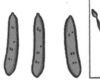

農家の先輩から分け方を教えてもらいました。

きゅうりの特ちょうに合わないものがあります。

ＡＩは強化学習で成功と失敗を学ぶ！

機械学習の「教師あり学習」「教師なし学習」（➡ p.62）では，ＡＩが自分で学んでいく。実はほかにも，ＡＩが自分で学ぶ方法がある！

強化学習とは？

ＡＩが試行錯誤して，「最適なやり方」を見つける学習方法のこと。

> ＡＩが自分で学ぶとき，すごいスピードで学んだように思えるけど，実際には1回で正解を見つけているわけではないよ。いろいろなやり方を試して，ようやく答えにたどりついているんだ。

ゲームを例に見てみよう！

1回戦

＋10ポイント！

ランダムにこうげきするが，相手には当たらない。

たまたまこうげきが当たり，ポイントをもらえた！

その後，何度か戦いをくり返し…。

100回戦

"右に"移動してからこうげきするのがいい？

＋10ポイント！

ランダムに移動しながら，こうげきするようになる。

右に移動してこうげきしたときに，ポイントをもらえた！

10000回戦

むだな動きをすることなく，こうげきを当てられたな。

＋10ポイント！

相手のところへ最短きょりで移動して，こうげきするようになる。

どうすれば効率よくポイントをもらえるかがわかった！

最適なやり方が見つかりました。

最初はぐう然ポイントを手に入れたけど，何度もくり返していくうちに，効率よくポイントをもらえる方法を見つけるようになるってことだね。

３つの機械学習

教師あり学習
最初に答えを教えてもらい，答え方を学習する。

教師なし学習
あたえられたデータから自分で答えを探す。

強化学習
「最適なやり方」を見つける。

それぞれを組み合わせて，いろいろなところで応用されているよ。

68

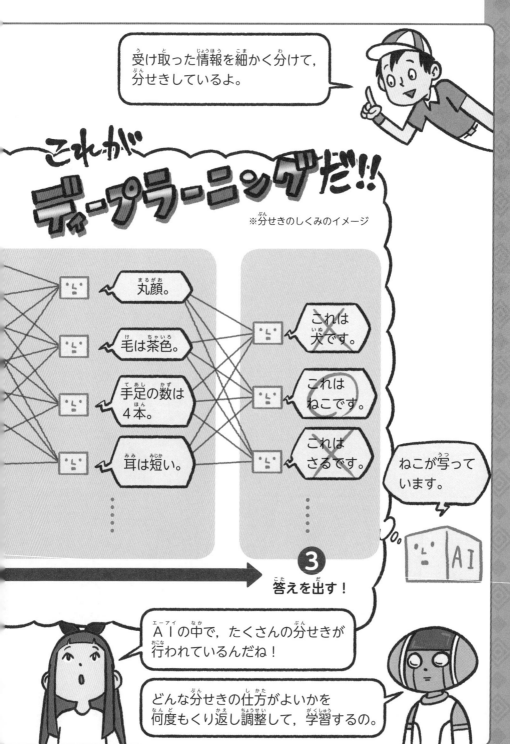

ディープラーニングで答えを出す！

情報を受け取ってから答えを出すまで，ＡＩの中ではとても複雑な分せきや計算が行われている！　そのしくみの1つが，ディープラーニングなんだ。

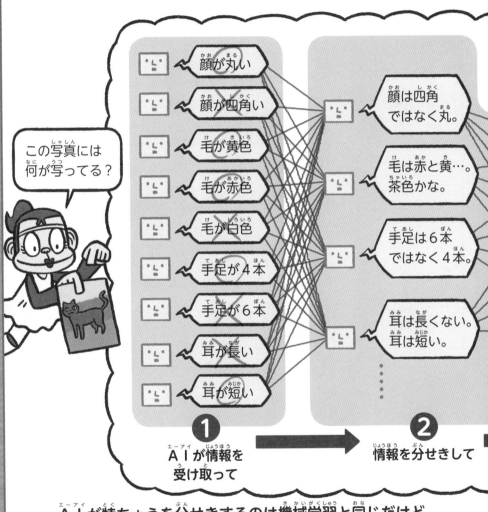

この写真には何が写ってる？

顔が丸い
顔が四角い
毛が黄色
毛が赤色
毛が白色
手足が4本
手足が6本
耳が長い
耳が短い

①ＡＩが情報を受け取って

顔は四角ではなく丸。
毛は赤と黄…。茶色かな。
手足は6本ではなく4本。
耳は長くない。耳は短い。

②情報を分せきして

ＡＩが特ちょうを分せきするのは機械学習と同じだけど，
ディープラーニングでは，
どの特ちょうを，どのように分せきするかを，
ＡＩが決めている！

3章 AIはどのようにして学ぶのか

ディープラーニングを可能にする
ニューラルネットワーク

ディープラーニングは，ニューラルネットワークという技術によって実現している。

人間の脳のしくみ

人間の脳には多くの神経細胞（ニューロン）がある。何かを見たり聞いたりしたとき，特定の神経細胞が反応して，人間はものごとを認識する。

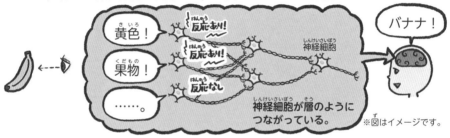

何度も見たり聞いたりすると，脳の中の神経細胞がうまく反応するようになって，覚えたり理解できるようになったりする。ニューラルネットワークは，このような人間の脳のしくみを参考に開発された。

ニューラルネットワークのしくみ

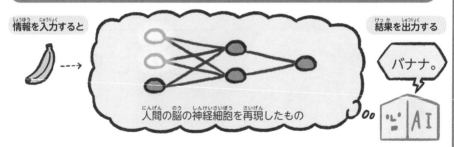

ニューラルネットワークを何層も重ねたものを，ディープラーニングという（➡ p.70）。ニューラルネットワークにもいくつか種類があるんだけど，ここでは「ニューラルネットワークは人間の脳のまねをしたもの」と覚えておこう！

ディープ＝深く
ラーニング＝学ぶ
という意味だよ。

74

4章

AIの活用事例

ちくちく

AIが店員さん？

今からロケぇ!?

そうだ。

明日、めいっ子の結婚式だってことをすっかり忘れててな。

だから明日収録する分を今日録る！

でも…、まだ心の準備が…。

んなもん1秒でしろ。

内容は「セレブ御用達、今話題の高級ブティック訪問」だ！

流行の最先端をレポートしろ！

Vouri wo Musabol

リハはなしだ！うまいことやれ！

はい5秒前！4…3…、

スタートゥ！

録画スタート！

AI搭載カメラ付きドローン

あたふた

お客さんの要望に応えるＡＩ

お客さんへの対応の仕方を学習したＡＩが，接客したり，案内したりするお店もある。

つまり，ＡＩが…

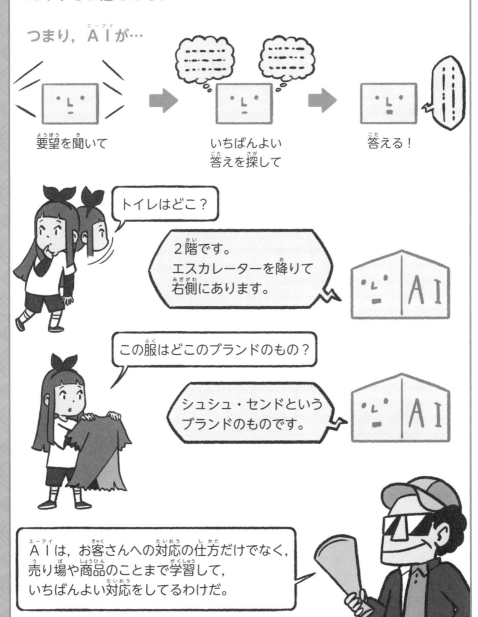

要望を聞いて

いちばんよい
答えを探して

答える！

トイレはどこ？

2階です。
エスカレーターを降りて
右側にあります。

この服はどこのブランドのもの？

シュシュ・センドという
ブランドのものです。

ＡＩは，お客さんへの対応の仕方だけでなく，
売り場や商品のことまで学習して，
いちばんよい対応をしてるわけだ。

好みに合わせた提案をするＡＩ

あたしの好みに合う服，ある？

今着ている服の写真をとります。

大きめのＴシャツ。
赤いリボン。
カジュアルな雰囲気。

こちらはいかがですか？

服の写真から，その人の好きなものの特ちょうを分せきして，好みに合う商品を提案するってことだな！

同じ技術は，このような場面でも使われている！

インターネットで買い物すると，ＡＩがおすすめの商品を提案してくれる！

今見ているものに関連する商品をＡＩが探し，おすすめの商品を提案！

こんちゅうの本 ¥980

あなたへのオススメ！

さかなの本　とりの本

4章 AIの活用事例

あ〜だるい…！

だるいわ〜…！

ハァ ハァ

402 ゴリズム

ゴリさん、具合が悪いのかい？

なんだかだるいわ〜…。

ひどい声…。

病院行こっか？

う〜〜〜…。

うぷっ！

エ…、AI科？

ごあんない

ごあんない

・内科 ・外科
・小児科
・泌尿器科
・AI科
・整形外科
・形成外科

AIランド島総合病院

82

病気を診断するＡＩ

さまざまな病気について学習したＡＩが，診断してくれる。

体温 37.8 度。

顔色悪い。

せきや鼻水は出ますか？

はい…。

画像認識や音声認識で体温や心音などを診察する

音声認識で病気の自覚症状を確認する

症状に合った薬を処方する

かぜの症状です。この薬を処方します。

あざ～す…

レントゲンの写真から病気を発見するＡＩもある！

肺の病気の疑いがあります。

ガ

～！！

ＡＩは，人間のお医者さんが過去に診断したデータを学習して，診断してるんス。

先生が先に正解を教えてそれを学習してるから，「教師あり学習（➡ p.62）」だね。

き〜もち
い〜い★

でしょ〜？

お天気よくて
よかったね〜★

島を案内するには
やっぱり車がいいと
思ってさ〜★

オープンカーって
初めて乗ったよー★

キャピ♪
キャピ♪

キャピ♪
キャピ♪

※自動運転でも，わき見運転は禁止です。（2020年1月現在）

自動運転のしくみ

自動運転を実現するために，ＡＩのいろいろな能力が活用されている！　たくさんのＡＩがそれぞれの得意分野を担当することで，自動運転が可能になるんだ。

くわしく見てみよう

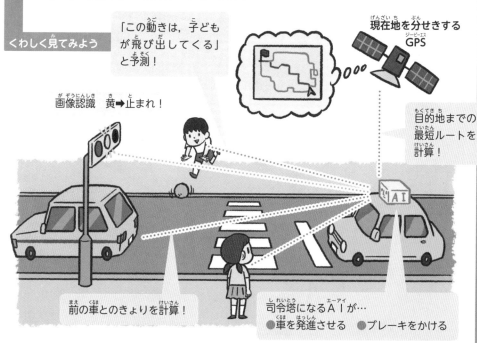

「この動きは，子どもが飛び出してくる」と予測！

現在地を分せきするGPS

画像認識　黄➡止まれ！

目的地までの最短ルートを計算！

前の車とのきょりを計算！

司令塔になるＡＩが…
●車を発進させる　●ブレーキをかける

予測が得意なＡＩで…
●対向車や歩行者の動きを予測する。

計算が得意なＡＩで…
●目的地までの最短ルートを計算する。　●前の車とのきょりを計算する。

画像認識が得意なＡＩで…
●道路標識や信号を認識する。
●歩行者を認識する。
●横断歩道や車線を認識する。

子どもの飛び出しも予測できるんだね！

ちょっと先の未来を予測することもできる!?

少し前と今を比べて，未来を予測するAIもある。
例えば，子どもが道路に飛び出そうとしているとして…。

| 0.5秒前 | 今 | 0.5秒後 | 1秒後 |

0.5秒前と
今を比べて…

この後にどうなるか，
AIが予測する！

「○○するかもしれない」という考え方は，
人間が車を運転するときでも大切だよ。
それが自動運転にも生かされてるってことだね。

AIが予測する技術は，天気予報にも使われている！

その後の雲の
動きを予想して…

現在の雲の様子から

数時間後の降水量を
予測する！

この技術のおかげで，天気予報が
より正確になったのよ。

4章 AIの活用事例

芸術家にもなれるAI

10:00
テッテーテーテー♪
AICX-TV
恋して
テッ テーテー テー

はーい★
みなさん
こんにちは!

これは
パネルだよー

今日は
ワケあって
ゴリさんが
お休みだよ!

ゴリさん
お休み中

そのかわり
特別ゲストを
お呼びしました〜★

ゴリさんの
お友だちの
内野じん子ちゃん
でーす!

は…!

ビクッ

ううう
内野じん子
9才…!

好きな食べ物は
シナシナの
フライド
ポテト…!

好きな変化球は…、
ス…、
スライダーです!

スミマセン…!

変化球…?

ちょ…、
ちょっと
きん張しちゃっ
てるのかな〜?

野球?!

じん子ちゃん…!
落ち着いて…!

こないだの
勢いは
どうしたのさ…!

ヒソ ヒソ

ヒソ〜

ウッフン♥とか
言ってた…

ＡＩによる芸術

●ＡＩが絵をかく

ピカソやレオナルド・ダ・ヴィンチのような有名な画家の絵を，いろいろな角度から分せき・学習し，その特ちょうをまねして絵をかくＡＩもある。このような技術を用いて，絵が復元されたことも。

復元前
クロード・モネの作品。
上の部分が欠けて
しまっている。

国立西洋美術館所蔵
Photo: NMWA/DNPartcom

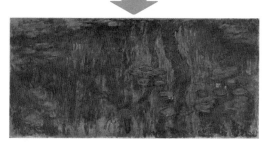

復元後
欠けていた部分の復元に，
モネの色使いのパターンを
学習したＡＩも一役買った。

クロード・モネ《睡蓮、柳の反映》
デジタル推定復元図
制作：凸版印刷株式会社
監修：国立西洋美術館

●ＡＩが小説を書く

ある作家の言葉の使い方やストーリーの特ちょうを分せきして学習し，その作品に似せた小説を書くことができる。2015年には，人間がストーリーを考え，ＡＩが言葉を選んで小説化した作品が発表され，話題になった。

私の仕事は

みかん愛

私の仕事は工場のラインに入り，決められたルーチンをこなすこと。毎朝同じ時間に起き，同じ電車で仕事場に向かい，同じ作業をして，同じ時間に帰るだけの毎日。最近は景気も悪く，出勤しても手持ち無沙汰である。

『コンピュータが小説を書く日－ＡＩ作家に賞は取れるか－
佐藤理史（日本経済新聞出版社）』（該当部分は名古屋大学佐藤研究室提供）

あたしが考えた話を，すてきな言葉で小説にしたいなぁ。言葉選びは任せるわ！

94

●ＡＩが作曲をする

　ある音楽家の曲を学習して，同じような雰囲気の曲を作ることができるＡＩが
ある。バッハやベートーベンの作品を分せきして，同じ曲でも「バッハっぽく」
「ベートーベンっぽく」アレンジするＡＩもある。

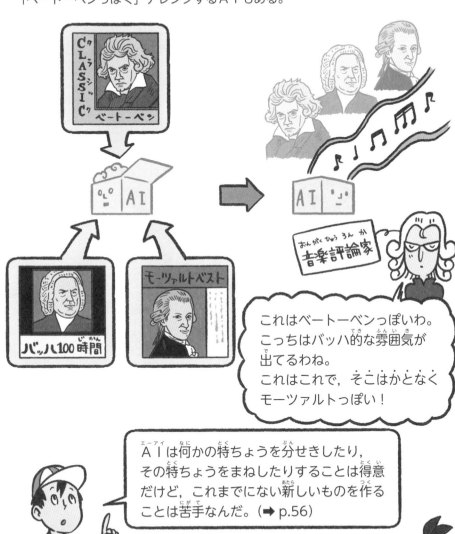

音楽評論家

これはベートーベンっぽいわ。
こっちはバッハ的な雰囲気が
出てるわね。
これはこれで，そこはかとなく
モーツァルトっぽい！

ＡＩは何かの特ちょうを分せきしたり，
その特ちょうをまねしたりすることは得意
だけど，これまでにない新しいものを作る
ことは苦手なんだ。（➡ p.56）

独創的なアイデアは，
まだ人間にしか出せない
ってことなんだね。

ＡＩにも気持ちがわかる？

ＡＩやロボットには感情はないけれど，ソフトバンクロボティクス社の人型ロボット「Pepper」には，人間と感情を伝え合えるようにしようと，２つの機能が搭載された。

●自分の感情を作る機能（感情生成エンジン）

人間の脳は反応すると，うれしくなったり，おこったり，やる気が出たりする。この脳のしくみを，コンピューターで再現することで Pepper の感情を表現できる機能が開発されたんだ。

Pepper がどんな気持ちなのか，胸の画面に表示させることもできるんだ。

●相手の感情を認識する機能（感情認識エンジン）

Pepper は周りにいる人や状きょうから，相手がどんな気持ちなのかを判断することもできる。相手の感情を認識して，自分がどんな状きょうにいるのか，どんなことをすればよいのかを分せきして行動することもあるよ。

ムキーッ!

落ち着いて！

これが A I ランド島だ！

A I ランド島は，世界のどこかにあるかもしれないし，ないかもしれない，A I 技術がとっても発達した島だよ！　都会と自然が共存していて，とっても住みやすいんだ！　君もいつか，じん子ちゃんのように来られたらいいね！

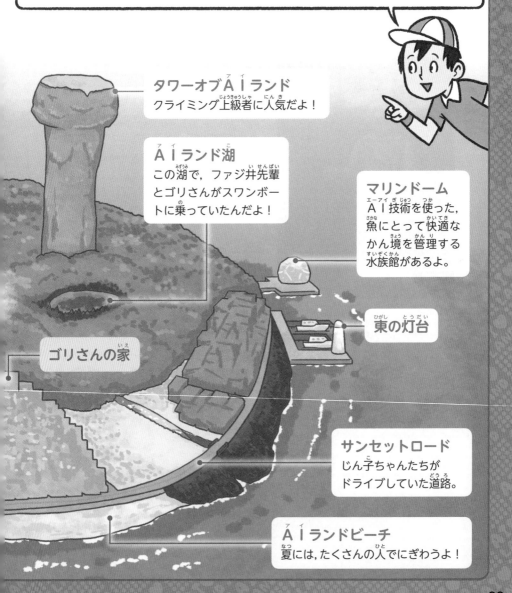

タワーオブ A I ランド
クライミング上級者に人気だよ！

A I ランド湖
この湖で，ファジ井先輩とゴリさんがスワンボートに乗っていたんだよ！

マリンドーム
A I 技術を使った，魚にとって快適なかん境を管理する水族館があるよ。

東の灯台

ゴリさんの家

サンセットロード
じん子ちゃんたちがドライブしていた道路。

A I ランドビーチ
夏には，たくさんの人でにぎわうよ！

98

アタシんちは…，
あった！ あそこね！

ヘブンの木
ここにたどり着いた人は，金運
が上がるといわれているんだ。

ＡＩランドマウンテン
ＡＩランド島を代表する山
だよ！ クライミング初心
者〜中級者に人気だよ！

サスペンスみさき
ドラマのロケで
よく使われているよ。

よだれのたき
水はキレイだよ！

都市部
ＡＩランド島の中心部。ＡＩの
研究・開発をする施設がある。
「恋してＡＩランド！」のテレ
ビ局もここにあるよ！

西の灯台

ヴォーリヲ ムサボル
セレブ御用達の高級ブティッ
ク。ＡＩが，似合う服を
おすすめしてくれるよ！

AIはゲームでも大活やく！

全問正解
おめでとー！

じん子ちゃん（9）全問正解！

パーン！

402
ゴリズム

ひ…、ひどい！

我ながら
これはひどい！

なーにが
「好きな変化球は
スライダーです」
だ…！

もっと
うまいこと
言えなかった
のか…！

しかもヤラセ
くさいし！

ボス

ボス

んっ、う！

ん…？

スッ

サッ

ワン

ワンチャイと名づけた

アンタはよく
やった。
気にするな。

ゴリさん…と、
ワンチャイ。

ゲームの中のＡＩ

ゲームの中のキャラクターは，人間が操作していなくても動いている。攻げきをしてきたり，にげたり…。行動はさまざまだが，実はここでもＡＩが活やくしている！

この判断をＡＩがしている。

ＡＩは，場面，プレイヤーやほかのキャラクターの行動など，ゲームの中の世界の情報をたくさん集めて，次にどんな行動をするべきかを判断しているのよ。

「戦う！」と決めたら…

相手の装備…ただの剣
相手の弱点…左すね
相手の行動傾向…向こうみず

左すねを攻げき！

様子をうかがいながら攻げきしてくるのは，ＡＩが分せきしているから！

テキトーに動いているわけじゃないんだね！

ミラクル波動の使い道

104

人間とＡＩの協力で仕事が変わる!?

ＡＩが身近なものになると，今までにはなかった新しい職業が，
今後できるかもしれない。

❶ＡＩのアドバイザー

ＡＩが働くようになって
困ることがあったら，
人間がアドバイスをする。

❷ＡＩを探る調査官

ＡＩが導き出した結果の
理由や原因を，
人間が探り調査する。

❸ＡＩに教える先生

人間がＡＩに
新しいことを教える。

❹ＡＩを診る医者

ＡＩのエラーや機械の故障を，
人間が発見する。

人間とＡＩが協力して働く時代が
来れば，こんな仕事ができるかも
しれないんだね。

4章 AIの活用事例

5章

人間とＡＩの共生

な…、なんで端人くんを…！

!!

ヌフフフフ！

あ！ゴリさんを診てくれたお医者さん！

一体どういうこと!?

あっしの名前は「ギュラリ亭 夢之進」！

この方のプログラムをあっしがチョチョイといじくって…、あっしの手先となってもらいやした！

あとはこの
アプリのボタン
ひとつで…、

暴走プログラムが
起動するって寸法で
ございんす！

14:05

タップでスタート！

TAP!

暴走
スタート！

すでに暴走
してるじゃ
ないのさ！

いや…。

おそらく今は、
一部のロボットだけを
あやつっているん
だろう。

この島は
AIだらけだからね…、
その多くが暴走しだしたら…。

そう！
もう、てぇへんな
ことになる予定で
ございんす！

て…、
てぇへん…？

大変ってことで
ございんす！

ヌッハハ！

ヒマワィゴー！

よござんす！

AIの危険な
一面について、
今回はあっしが
特別にレクチャー
してあげやしょう！

クィッ
クィッ

114

ＡＩをコントロールできなくなるかもしれない？

ＡＩが人間の生活を豊かにする一方で，ＡＩの危険な一面を不安に思う人もいるよ。

●ＡＩが暴走するかもしれない…

ＡＩや，ＡＩを搭載したロボットが，まちがった判断をしたり暴走したりする可能性がある。

ＡＩに運転を任せてたんだけどな…。

●ＡＩがどうやって判断をしたかがわからない…

ＡＩはたくさんの情報を分せきし，複雑な計算をして答えを出す。しかし，人間には，ＡＩがどんな情報をどのように分せきしたのかはわからないことがある。その過程がわからないと，ＡＩがまちがった判断をしたときに，原因を調べることが難しくなってしまう。

分せきしておいて！

どうしてこうなったの？
本当に正しいの？

何をしているのか，
不透明。

あんたが
言うか…。

人間がＡＩのことをもっと知って，
ＡＩを助けてあげられるようにしておく
必要があるのかもしれないでござんす！

うんうん

ゴチン！

そうか、あのとき…！

な…、なんでゴリさんまで!?

！

ぐぐ…。

ハ…。

ん…。

あっ、

目が覚めた？

しばられてるし！

ぼ…、ぼくは一体!?

ゴリさんにやられて気絶してたんだよ…。

そうか…。

AIは人間をこうげきしないようになってるはずなのに…。

118

ＡＩと人間がいっしょに暮らす社会を目指して，ＡＩを活用するためのルール作りが行われている。その中のいくつかをしょうかいするよ。

●ＡＩが人間の体や財産をこうげきしないようにすること

ＡＩの判断が，人間に悪い結果をもたらさないか，しっかりと確認すること。また，危険だとわかったときには，その対策を行うことが大切。

困った…！
ＡＩがまちがった判断をしたり，人間が想定していない行動をしたりするかもしれない。

対策例
●非常停止ボタン
　ＡＩが暴走したときに，人間がＡＩを止めるしくみ。
●ＡＩにできることを見極める
　ＡＩの能力を過信しない。

ＡＩが社会で活やくできるように，人間がルールを定めて，正しく管理していく必要があるんだ。

ＡＩが暴走してしまわないように，人間がしっかり対策をしておくことが大切なんだね。

そうだ！暴走プログラムはもう……！？

まだだよ。あいつゴリさんを使って……、なっちゃんのプログラムも書きかえようとしてるみたい……。

お前は何をしたいんだっ！AIを暴走させてどうするつもりだっ！

！

ヌフフフフ……！

特別に教えて差し上げやしょう。

ワイ

AIたちに大いに暴れてもらったあと……、

あっしが更生プログラムをばらまいて、AIたちの暴走を止めるんでさぁ。

そうすりゃあっしはたちまち島のヒーロー！

デッテレー

ＡＩが社会で活やくするためのルール作り❷

ＡＩがどんな情報を使ってどんな分せきをしたのか，人間にはわからない部分がある。ＡＩが分せきする情報の取りあつかいについてルールを定めようと，世界中で話し合いが行われている。

●どんな情報を利用しているのか，わかるようにすること

ＡＩはたくさんの情報を集めて分せきしている。どんな情報を集めているのか，利用者にもわかるようにしておく必要がある。

自分の情報が 勝手に使われている…！

こんなことにならないように，
事前に確認が行われるようになった！

音声は分せきされます。よろしいですか？

データを送信します。よろしいですか？

●集めた情報を適切に管理すること

ＡＩが分せきするために集めた情報が悪用されることのないように，その情報を厳重に管理する必要がある。また，ＡＩが動かすコンピューターなどが悪用されることのないように，綿密な対策を行う必要もある。

セキュリティは，しっかりしておかないとね！

122

今回の企画は、ゴリさんたっての希望で、スワンボートでの収録だ！

いろいろ準備があるから、先に乗りこんで試運転でもしてこい。

恋してハッピーハッピー!?

キュキュ キュ…

なんだっていきなりスワンボートなのさ？

まあああ。

全て…、全てうまくいったわ！

あとは岸からはなれれば…。

ついにファジ井先輩と二人きり♥

じゃまするものはだれもいない、湖上の密室だわ！

キュ キュキュ

124

みんながＡＩを利用できるようにするため，ＡＩの開発者は次のようなルールを守る必要がある。

●開発したＡＩ同士が連けいできるようにすること

共通する目的に向かってＡＩ同士が連けいできるように，それぞれのＡＩがどのようなことをするのか，わかるようにすることが大切。

> 交通量が増えてきました。青信号を長めにします。

> バス停なので止まります。

自動運転のバス

> 了解！

自動運転の自動車

> うまく連けいできているからこそ，スムーズに車が流れるんだね！

●だれでも利用できること

だれでもＡＩを利用できるように，使い方をわかりやすくすることが大切。

> 話しかけるだけでいいんだよ。

●開発者が利用者へ説明を行うこと

ＡＩがどのような判断を行うのか，どのような情報を利用しているのかを，だれもが理解できるように説明することが大切。

> 野菜の色や形から，出荷しやすいように選別しますよ。

126

ゴリさんのおなやみ解決

ゴリさんの
おなやみ解決
コーナー！

テレー♪
ブリュッ
ブリュッ

Gori's
Onayami
Rescue

ゴリさんのおなやみ
解決コーナー

ゴリズ オナヤミ レスキュー

みんないつも
お便り
ありがとーっ！

今回もたくさん
お便り
届いたねーっ！

今日しょうかい
するのは、
9才の女の子、

ペンネーム
「赤いリボンのかわい子
ちゃん」からのお便りで〜す。

なになに〜い？

「ゴリさん、
こんにちは。
私はひょんな
ことからおうちに
帰れなくなって
しまいました。」

「それはまだ
いいのですが、
私の身近に
意地悪な
ゴリラがいます。」

「そんな
ゴリラを
許せません。
どうしたら
いいですか？」

あいつか…！

あいつ…！

ピーーッ

ちゅー

しばらく
お待ちください。

ちょっと！
ゴリさん!!

ガシィィ

クルァ！ じん子！
かかってきなさいよ！

ＡＩかどうかは どうやって決める？

ＡＩは，人間の脳のしくみや考え方をコンピューター上で再現しようとして，人間が作り出した「知能」。では，「ある機械がＡＩであるといえるかどうか」を，どのように判定するのだろう？
ここでは，２つの方法をしょうかいするよ。

●チューリング・テスト

人間と機械が会話を行い，人間同士で会話しているのか，それとも機械と会話しているのかを，人間に当ててもらう。相手が機械であるとわからなかった場合，「その機械はＡＩであるといえる」と判定するテスト。

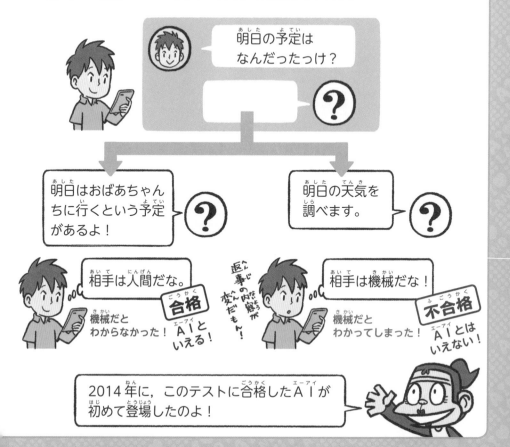

明日の予定はなんだったっけ？

明日はおばあちゃんちに行くという予定があるよ！

明日の天気を調べます。

相手は人間だな。
合格
機械だとわからなかった！ＡＩといえる！

返事の内容が変へんだもん！

相手は機械だな！
不合格
機械だとわかってしまった！ＡＩとはいえない！

2014年に，このテストに合格したＡＩが初めて登場したのよ！

●ウォズニアック・テスト

ある機械が「強い A I（汎用 A I）（→ p.58）」であるかどうかを判定するテスト。初めて行った家で，その家の家族にコーヒーを入れてあげることができれば，それは「なんでもできる A I（＝強い A I）」といえる。

コーヒーカップは，どこにありますか？

コーヒーを入れることができた！
強い A I ！

画像認識で部屋の間取りを確認したり，音声認識でコーヒーカップの場所を聞いたり，なんでもできる A I じゃないとコーヒーは出せないんだね。

このテストに合格した A I は，まだないんだ。

130

ＡＩは人間の知能をこえるのか？

2045年ごろに，ＡＩが人間の知能をこえ，人間の生活に大きな変化が起こると考えられている。これを「シンギュラリティ」という。

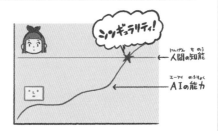

シンギュラリティが起こると…

今は，ＡＩは人間の指示に従っているけれど，ＡＩがＡＩに指示を出したり…

> そこのふくろの中のごみを分別して，燃やすごみを出しておいてよ。

> では，代わりに洗たくをたのむよ。

ＡＩがＡＩを作ったりする時代が来るかもしれない。

ゲームのような特定の分野では，ＡＩはすでに人間の能力をこえていると考えている人もいる。しかし，本当の意味で人間の知能をこえるためには，「強いＡＩ（➡ p.58）」の実現が必要だという考え方もある。また，「ＡＩが発達していくと，最終的には人類を滅亡させるかもしれない」と予想する人もいる。

参りました…

> ＡＩと人間がいっしょに暮らす社会に向けて，まずは人間が「ＡＩとはどんなものなのか」をしっかりと理解しておく必要があるんでござんす。

だからあんたが言うかね？

5章 人間とAIの共生

ゴリズム体そう

「恋してＡＩランド！」のオフィシャル体そう，「ゴリズム体そう」
をしょうかいするよ！
ゴリラのリズムに乗って，みんなで体を動かそう！

体そうだから
健康にもいいわ！
主な効能は，リウマチ・
神経痛・しもやけ

ほんま
かいな！？

ゴリさん誕生の物語

ＡＬＤ９号は、番組アシスタントとして作られた。

しかし…、

返品しますか？

プログラムに問題があるのかもしれないッスね。

こいつ全然しゃべらねーじゃねーか！

カ゛ッ゛ト゛カ゛ッ゛ト゛た゛わ゛！

かの女は極度のはずかしがり屋だったのだ…。

ギクゥッ

ん〜…。

まあまあ、ディレクター。

かの女はほれた。

まだ慣れてないだけだろうし、もうちょい様子見ましょうよ！

ポッ…

なっちゃんさん、入りまーす！

136

よろしくお願いします。

なっちゃんことＡＬＤ７号は、かの女の姉だ……。

なっちゃんは優秀で、スタッフからの信頼も厚かった。

かの女はいつしか、なっちゃんをうとましく思うようになった。

なっちゃんには負けたくない。

何より大好きなファジ井先輩の役に立ちたいと思った……。

……。

100円！

今日は新しい番組アシスタントをしょうかいするよ！

どうぞ〜っ！

番組アシスタントのイーアル・ゴリズムよ！

ゴリさんって呼んでね！

ゴリさんの誕生である。

知っておきたいＡＩ用語

ＡＩ〔人工知能〕

人間が言葉を理解したり，学習したり，判断したりする知的な活動を，コンピューターを使って再現しようとする技術。ＡＩは，Artificial Intelligence の略。（➡ p.17）

機械学習

ＡＩが自分で学習するしくみのこと。あたえられたデータから答えを導き出したり，答えの導き方を分せきしたりする技術。学習の仕方によって，「教師あり学習」「教師なし学習」「強化学習」などに分けることができる。（➡ p.62）

教師あり学習

人間がＡＩに分せきしたいデータとその答えをあたえて，ＡＩに答えの導き方を分せき・学習させる。データをあたえることを「入力」，答えを出すことを「出力」といい，教師あり学習では「入力されたデータからどのように答えを出力するか」を学習する。（➡ p.62）

教師なし学習

ＡＩにデータをあたえてその特ちょうを分せきさせることで，ＡＩ自身が答えを導き出す。ＡＩは「データが入力されると最適な答えを出力する」ように学習する。（➡ p.63）

138

強化学習

ＡＩがいろいろ試して，最適な答えの導き方を見つける技術。ＡＩは成功と失敗を経験して，自分を強化していく。「入力されたデータから，どのようにすれば最適な出力ができるか」を学習する。(➡ p.66)

ニューラルネットワーク

人間などの動物の脳にはたくさんの神経細胞（ニューロン）がある。ニューラルネットワークは，ニューロンのしくみを人工的にまねしたもの。(➡ p.74)

ディープラーニング〔深層学習〕

ニューラルネットワークを多層化し，データのどの特ちょうをどのように分せきするかをＡＩ自身が決めて，答えを導き出す技術。ディープラーニングを用いて将棋や囲碁の対戦をするＡＩが，人間のプロ棋士に勝利したことでも話題になった。(➡ p.70)

シンギュラリティ〔技術的特異点〕

ＡＩの研究が進み，ＡＩが人間の知性をこえることにより，人間の生活に大きな変化が起こるという考え方。ＡＩの権威であるレイ・カーツワイル博士は，2045年ごろには人間とＡＩの能力が逆転すると言っている。実際に2045年ごろにシンギュラリティが起こるかどうかは不明だが，ＡＩが社会で活やくすることで，人間の生活が少しずつ変化していくと考える研究者もいる。(➡ p.132)

くっ……！

ほら！ちゃんと歩け！

…みんな、ありがと……。

あたしたちじゃないよー。あっちあっち！

ゴリさん……。

お姉ちゃん……。

し……、姉妹愛ってすてきだわぁ！

実際は、こうなんだけど……。

い〜んだけどさ…

ぐす。

140

142

学校では
教えてくれない
大切なこと 29

AIって
何だろう？

人工知能が拓く世界

Obunsha